AMAPOLAS AL VIENTO

Mercedes Senent García

COLECCIÓN ITES

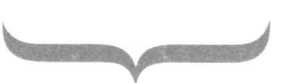

AMAPOLAS AL VIENTO

© Mercedes Senent García
© Prólogo: Fernando Parra Nogueras
© de esta edición: Olé Libros, 2024

ISBN: 978-84-10053-86-1
Depósito legal: V-4327-2024
Impreso en España

KALOSINI, S. L.
Grupo editorial olélibros
equipo@olelibros.com
www.olelibros.com

A Lucía, como siempre.

A mis padres y mi hermano,
que me cuidaron de la mejor manera que supieron.

A Xose, inolvidable.

Desnuda y adherida a tu desnudez.
Mis pechos como hielos recién cortados,
en el agua plana de tu pecho.
Mis hombros abiertos bajo tus hombros.
Y tú, flotante en mi desnudez...

CARMEN CONDE

Que como el sol sea mi verso
más grande y dulce cuanto más viejo.

MIGUEL HERNÁNDEZ

AMAPOLAS AL VIENTO: POESÍA QUE SUCEDE

La rotunda sencillez de los poemas de Mercedes Senent entronca con una concepción de la literatura que hunde sus raíces en la veta popularizante de nuestra lírica tradicional. El prestigio de la poesía críptica, vinculada siempre a un cierto prurito elitista, ha minado el interés de muchos lectores por el género. Es cierto que ese desapego responde muchas veces a una falta de formación por parte de quienes se enfrentan a la exigencia de determinados versos, pero tampoco hay que obviar el hermetismo premeditado de algunos autores cuyos poemas obedecen solamente a una construcción de un universo personal vetado al resto de los mortales. Si la poesía, como cualquier otra manifestación artística, tiene la obligación de comunicar algo, flaco favor se le hace al género desde esas atalayas esnobistas. En las antípodas de todo esto se sitúan los versos de Mercedes, rebosantes de cotidianidad, de pálpito imbricado en la tremolina de la vida y que huye de los sesgos culturalistas y alambicados (solo una alusión al fado de Dulce Pontes, que no deja de ser un referente también popular, exceptúan esa premisa).

El gran tema de estas *Amapolas al viento* es, sin duda, el del amor en sus múltiples manifestaciones. El más prolífico es el amor romántico, que se debate a lo largo del poemario entre la esperanza, la añoranza, el redescubrimiento, la precaución de un corazón llagado ante el atisbo del enamoramiento y la valentía y el riesgo de asumir su vértigo desde una madurez serena de cicatrices. No faltan en estos poemas algunos arrebatos de ingenuo —y por eso mismo— encantador erotismo, como en «Ganas de ti» o «Brisa del norte», donde la poeta desea «quitarte la camisa» a su amante; o en «Siento», donde los besos proceden de una boca jugosa y de una lengua llena de curiosidad. También aparece el asunto del orgullo y la propia vindicación en poemas como «Te busqué». Asimismo, abundan las descripciones del ser amado, entusiastas prosopografías que no escatiman, divertidamente, accesos de espontaneidad como cuando, en «Una ráfaga de amor», la poeta dice que le gustan los labios gruesos de la persona amada, «aunque menos tu cintura». Estas irrupciones inesperadas y llenas de franqueza son las que convierten los poemas de Senent en literatura que sucede, como la vida misma. Otros ejemplos de esto último que apuntamos es el poema «El tranvía», donde un acto tan trivial como el desplazamiento en este medio de transporte permite la evocación de la persona destinataria de su corazón; o en «Mi amor *galego*», donde se llega a decir que la imagen de este ha quedado grabada «como si le hubiesen puesto / Super Glue a mi cerebro»; o en «Ya queda menos», donde la poeta recobrará, tras el esperado reencuentro con su hija, actividades tan corrientes como «volver al *gym*» o «prepararle unas *peloticas*» cuando sea ella la que la visite en Madrid.

Es justamente el amor materno otro de los temas que jalonan el libro. Reflexiones emocionadas sobre la maternidad, el dolor de la emancipación de los hijos o aquel poema titulado «Palabras a Lucía», que nos remiten inmediatamente a las «Palabras para Julia» de José Agustín Goytisolo, completan ese cuadro de amor maternofilial. Hay también un poema dedicado a la propia madre de la poeta.

Un tercer bloque de poemas relacionados con el amor lo conforman los versos dedicados a la naturaleza o a la ciudad.

Efectivamente, las pequeñas odas al mar, al sol, a la ciudad de Alicante o a las palmeras, evocan el apego a la vida sencilla de Senent. Otras veces se utiliza la naturaleza como trasunto del recuerdo y la nostalgia, como en «Frente al mar», donde las olas que van y vienen representan ese fotograma sentimental del pasado. En «Saldré a volar», la poeta ansía mezclarse con la naturaleza a la manera de los románticos decimonónicos para estar presente en la vida del ser amado.

Respecto al estilo, ya hemos ido barruntando a lo largo de este análisis algunas de sus características más señeras. La tendencia popularizante da como resultado la proliferación de una métrica de versos cortos y sencillos, sin despreciar el uso de la rima, tan desacreditada en nuestro tiempo y que, en el caso de Senent, se reivindica sin complejos, incluso con la premeditada utilización del ripio, cuyo empleo redunda en la frescura de la literatura que emana naturalmente y sin imposturas.

Que estas amapolas lanzadas al viento oreen el aire con perfumes de tierra, de piel y de placenta.

Fernando Parra Nogueras
Alicante, octubre de 2024

ÁMAME

Ámame, quiéreme
mi cuerpo te necesita.

Bésame, mírame
que mi ser se derrita
con esas manos sabias,
con esos ojos negros,
con tu piel
que con la mía
crean agua
e inventan fuego.

Ven y aplaca
la sed de mi boca,
la inquietud de mi ser,
que entre tú y yo
aún queda mucho
por hacer.

AMAR SIN MIEDO

A Xose

Aquí, frente al mar,
escucho las olas
y tu recuerdo vuelve
una vez más.

Sé que ahora
no es posible,
me lo dice tu silencio,
pero espero
que algún día
volvamos a vernos,
porque aún añoro
tu risa,
tus abrazos,
tus besos
y ese calor tuyo
que encendió un día
mi cuerpo.

Espero que todo te vaya bien,
ahora te comprendo,
pero no olvides que mis brazos
ya no tienen miedo,
miedo de tu amor
miedo de tu cuerpo
ahora me siento libre
para decirte que te quiero.

ARRIESGARSE

¿No tienes ganas, a veces,
de tirarlo todo por la borda y
venir conmigo?

Sabes que mis brazos
están ansiosos por abrazarte,
que mis labios están sedientos
del elixir de tu boca.

Ven, te lo ruego,
no sabes
cuánto te anhelo.

CUANDO CAE LA NOCHE

Cuando cae la noche y tú no estás
me siento sola en mi ciudad.

Ven y dame tu risa,
tu amor y tu felicidad,
que me siento triste,
que me siento sola,
sin esos brazos que me dieron
alegría y sombra.

Ven, amor,
ven a mí
que tu compañía
me dé un amor sin fin.

Y, si quieres,
estamos un rato aquí y otro allí
paseando nuestro amor
cual mariposas en el jardín.

Cuando la miro yo

Es tu piel
la que me gusta,
tu sonrisa,
tu dulzura,
esos ojos tímidos
que me muestran
que tienes tanto miedo
como yo.

Ven y dame tu mano
muéstrame tu alma
y enséñame a quererte
que soy nueva
en este arte
y me tiemblan
hasta las sienes.

Dulce eres
dulce amor
que me muestra tu mirada
cuando la miro yo.

CUESTIÓN DE PRIORIDADES

Cuánto me has querido sin quererme
cuánto me has amado sin amarme
solo aquél recuerdo te bastó
para darte aliento
y cobijarte.

La distancia no mató
aquellos momentos imborrables
en los que tus labios
y los míos
se sellaron al instante.

Pero otro amor te pesó
y te dio alcance
el amor por un hijo
del que solo
algunos hombres saben.

Así acabó nuestra historia
una historia de amor inolvidable
que solo por lealtad a tu niño
a nuestro amor renunciaste.

ACEPTANDO

Aceptar que ya no piensas tanto en mí
que ya no te intereso
que tu camino y el mío divergen
que estás bien sin mí.

Aceptar que me estás olvidando
que te da pavor mi diagnóstico
que ni siquiera necesitas hablar conmigo.

Y vivir cada día con tu ausencia
con tu silencio
con la nada,
y existir así, con mi gente
aceptando que, tal vez, no te vea más
¿o sí?

EL LECTOR

Él me lee
pero no responde nada.

Me lee
y con ello
siento que acerca su alma
a mi ser
que aún lo echa en falta.

Él me lee
y su curiosidad calma
porque algún rescoldo de aquel amor guarda,
o eso pienso yo
y así mi ser descansa.

Las fuerzas que sellan su boca
intuyo cuáles serán
mas yo sigo soñando
que algún día volverá.

El olor del mar

A lo que huele el mar
no huele nada más.

Sus algas, su sal,
sus peces, su paz.

A lo que huele el mar
no huele nada más.

El sol

¿Qué tiene el sol
que me da vida,
me calienta,
me alegra,
me da la risa?

Sé que si me fuera al norte
me costaría,
le echaría tanto de menos
que por él lloraría.

Porque nací en el levante, donde crece
la alegría,
con esa luz
que se expande
como lo hace
la fantasía.

Ven y báñate en mi sol,
disfruta de estos rayos
que no presagian
nada malo,
más bien,
pronostican felicidad,
la que él te ofrece
si por su luz te dejas dorar.

El torbellino

El torbellino de tu amor
trata de revolverme
en la arena plácida
en la que me encontraba.

Equilibrista por decisión propia
me ofreces una cuerda
en la que caminar
que me da tanto vértigo como a ti.

Tuve que hacer daño a otro hombre
para apostar por seguirte
y tú me ofreces un *quizás*...
mientras me pides
ayuda a cambio.

He de ir despacio
contigo para no caer
y confiar en mí misma
y en mis propios pies.

EL TRANVÍA

Me gusta escuchar
el traqueteo del tranvía
suena suave,
como si no quisiera alterar la paz
de los viandantes.

Es todo un detalle
que no suene estridente
porque si lo hiciera
alteraría el recuerdo
que, de nuevo,
viene a mí
y que me hace sentir agradecida
por haberte conocido,
por haberte podido elegir.

Cha, cha, cha, suena el tram
y con su dulce zarandeo
te vuelvo a recordar.

Si el amor, como todo, es cuestión de palabras,
acercarme a tu cuerpo fue crear un idioma.

Luis García Montero

FRENTE AL MAR

Qué fresca corre la brisa
frente al mar.
Aquí se disipa
cualquier prisa.

Me vuelve tu recuerdo
como vuelven las olas
y siento que de nuevo
me acaricias.

¡Vuelve a quererme!
Ruego al cielo
para que mi piel
y tu piel
se encuentren
de nuevo.

¡Vuelve a quererme!
Suplico a Dios
para que mi corazón
deje de sufrir
y disfrute de tu amor.

GANAS DE TI

Tengo ganas
de verte
y comerte a besos
besos suaves
de los que me llegan
hasta los sesos.

Tengo ganas de que me quieras
y me abraces
hasta que mi cuerpo
y tu cuerpo
hagan, por fin, las paces.

Tengo ganas, sí,
de que vuelvas
y me hagas reír.

Tengo ganas de amarte
del principio al fin
y te quedes conmigo
un día aquí y otro allí.

Tengo ganas de fundirme
de nuevo en ti.

Hoy soñé contigo

Hoy soñé contigo,
llenabas mi vida
de paz.

Tu presencia
me daba alegría
y felicidad.

Y al despertar
sonreí
por haberte vuelto a ver
feliz.

Porque aunque hubiese
sido en sueños
no te dejo de querer.

Hoy soñé contigo
y recibí tanto amor
que no quería despertar
ni volver a decirte adiós.

La brisa del norte

Como cada verano,
como cada mes,
como cada día,
me acordé de ti
para así volver a dar vida
al recuerdo de tu piel,
de tu boca,
de tu risa.

Porque aunque,
a veces,
quiera dejar
de quererte,
me sigue llegando
la brisa
que desde el norte
me acerca susurros
que mis labios acarician,
para que,
de este modo,
no te olvide,
para que no me consuma
la prisa
por querer tenerte cerca
y quitarte la camisa.

Y para que no
muera de envidia
de ese ser
que allí te atrapa,
la luna me visita

cada noche
y me cuenta
que tú aún me amas,
aunque eso a mí
solo me halaga.

«Dile que no se demore mucho»,
le digo a la luna,
que la vida va pasando,
como pasan los veranos,
los meses
y la lluvia,
y yo sigo sin tenerte
aquí a mi lado
deseando volver a verte
junto a mí,
recostado.

Manos frías

Para Lucía

Me encanta
el sonido del tren
que anuncia que ya llegas.

Han sido días duros
en los que
te escuché llorar
muy profundo.

Hoy vuelves alegre,
me dices,
con ganas de verme
y siento que mi corazón
ya no tiene cicatrices.

Tengo ganas
de abrazarte
y darte mi calor
porque la vida
es dura, a veces,
y cuando nos falta el amor
el frío invade
nuestro cuerpo
y nos deja sin aliento.

Ahora, que de nuevo vuelves,
quiero darte mi mano
para darte fervor

con creces
para que cuando marches
tus manos no estén frías
y encuentres otro amor
que te estime tanto
como te quiero yo.

Pero espero que comprendas
que el amor puede venir
de varias fuentes:
de tu madre, de tu novia,
de amigos
u otros parientes;
que todos los amores suman,
te darán felicidad
y a quien no te la dé
deberás alejar.

Porque amor que suma
es amor de verdad
el que te da la vida
y te hace reír más.
Encuentra este y verás
que, aunque la vida
tenga jirones,
tus manos caldearán.

Maternidad

Cuánto amor en mi vientre
cuánto amor te emitía
para que nacieras feliz
y vieras la luz del día.

Cantamos y reímos juntas
viajamos y fuimos al cine,
nos caímos y nos levantamos
dándote mi mano y tú un empuje.

Qué bello es quererte
y sentirse querida
con tus manos serenas
con mi amor que te ansía.

Ya has alzado el vuelo
ya no eres una niña
ahora caminas lejos
de otra mano que te acaricia.

Aunque vienes a verme, a veces,
aunque voy a hacerte visitas
veo que te has hecho fuerte
y menos me necesitas.

Te deseo lo mejor
que seas feliz, hija,
aquí me tendrás siempre
hasta el fin de mis días.

Mi amor *GALEGO*

Ya hace tanto
que no te veo
que cualquiera pensaría
que no te recuerdo.

Lo cierto es que
tu imagen
quedó grabada
en mi recuerdo
como si le hubiesen puesto
Super Glue a mi cerebro.

En verano,
no sé qué pasa,
que es cuando más te
recuerdo, es como si
el calor
dilatara mi cerebro y, así,
tu sonrisa
volviera a mi sentir,
que aunque estés lejos
sigues cerca de mí.

Entonces vuelvo
a ingeniar estrategias
para que nos encontremos,
para que nuestras almas
y nuestros cuerpos
se reúnan, de nuevo.

Porque, aunque cada noche
mire a la luna,
es a ti a quien deseo,
por mucho que haya pasado el tiempo
aunque haga tanto que no te veo.

Ven y abrázame, de nuevo,
que, aunque nos separen mil kilómetros,
sigues siendo mi amor *galego*.

Mi ciudad

A Alicante

Las palmeras verdes
me acompañan
sus colores me dan vida
junto a los árboles frondosos
que pierden hoy sus hojas marchitas.

Al fondo,
el castillo iluminado
me recuerda
que esta es
una gran ciudad.
Aquí me siento bien,
libre y en paz.

Cómo te amo, Alicante
porque me das lo que necesito,
porque aquí he encontrado,
por fin,
mi cobijo.

En mi ciudad
puedes encontrar vida,
risas, un precioso mar,
y gentes venidas de cualquier lugar.

Aquí le espero
aquí me encontrará.

Nueva despedida

No sé cuántas veces
te he dicho adiós.

Hoy lo repito de nuevo
porque no hay noticias de ti
y siento que te he perdido
como tú me estás perdiendo a mí.

Yo no me decido a ir a verte
ni tú vienes a mí
por eso te digo adiós
aunque te querré hasta el fin.

Te deseo lo mejor
como tú me lo deseaste a mí.

Adiós, adiós, amor,
adiós te digo desde aquí.

Ojos negros

Impotencia,
sentir tu ausencia
al comprobar que ya no me lees.

Pensar que ya no soy más
que un recuerdo para ti.

Dolor y vacío llenan
mi alma y mi cuerpo
que aún te añoran
que aún extrañan
esos ojos negros
en los que me vi.

¿Será tu piel
tan dulce todavía?
¿Serán tus labios tan jugosos como entonces?

Tal vez ames a otra, con desgana, pienso.

Lo cierto y triste
es que ya no me amas a mí.
¿O sí?
¿Quedará en tu corazón
algún rescoldo
de nuestra pasión,
de mis abrazos
que te llenaban de calor?

Tal vez no,
tal vez sí.

Lo cierto es que siento
que ya te perdí.

Palabras a Lucía

Has descubierto
tu lugar,
y otros amigos,
como quien descubre el mar,
y no tiene enemigos.

Me siento feliz
al verte así
como si quisieras
comerte el mundo,
incansable y casi infantil,
pero honesta en lo profundo.

Ríe, vive, no te dejes,
que la vida es eso
aunque, a veces,
duela y tú te quejes.

Palmeras verdes

Las palmeras verdes me acompañan
su color me da vida,
me da paz
como los árboles frondosos
que me ayudan a respirar.

Al fondo,
el castillo me acompaña,
me defiende
me hace sentir fuerte.

Aquí me siento bien, libre,
casi siempre,
porque otras
la sombra del ogro me asusta
y por eso miro al suelo,
tan a menudo,
por si se me cruza.

A pesar de eso,
te amo, ciudad,
porque me das lo que necesito
porque aquí también puedo ver mi mar.

Por ti, mujer

A mi madre

Por ti, mujer,
estoy hoy aquí
porque tú me trajiste al mundo
y me hiciste vivir.

Me enseñaste a ser fuerte
me enseñaste a parir
a trabajar con mis manos
durante años y años,
y también a sonreír
sonreír ante la vida
que, a veces,
te deja hundida.

Pero, aun así,
tú me enseñaste
a salir fortalecida.
Por eso hoy te agradezco
que me dieses la vida
y así poder dar el relevo
a quien es mi hija
y formar una cadena
de amor hacia este mundo
lleno de mujeres
entre todos los seres.

Saldré a volar

Saldré a volar
como lo hacen las aves
por ti, solo por ti.
Oleré las rosas
que me regalaste
por ti, únicamente por ti.

Surcaré el mar meciéndome en sus olas
y me haré amiga de los peces, de las medusas y las rocas.

Y cuando llegue el viento de levante,
alzaré mi voz
para que me oigas
y vuelvas a mí.

Cuando caiga la nieve me empaparé de ella
y prenderé un gran fuego para que, en la distancia, me veas desde allí.

Cuando llegue el trueno
y los relámpagos iluminen la noche
rezaré por ti
para que estés bien
aunque no te halles junto a mí.

Y al llegar la primavera
soñaré que estamos juntos
frente a mi mar
tomados de la mano
y amándonos en paz.

SER MADRE

Ser madre es un regalo que te da la vida
que no entiendes hasta que pares
hasta que ves la semilla
semilla que creció en tu vientre
que te devuelve la risa
y, como si nada, ves crecer
dándole mil caricias
caricias que son devueltas
con sus manos que dan vida
y el amor así es recibido
con alegría,
sin más prisas,
sabiendo que floreció bien
la cuidada semilla.

Si pudiera verte más

«Si pudiera verte aunque fuera
un instante...»,
decía uno de mis poemas dedicados a ti.

De vez en cuando
lo repito cual mantra
para así tratar de que
el destino te acerque a mí.

Pero no,
sé que no me bastaría
con un instante,
sé que querría
que te quedaras conmigo
porque hoy sé
que eres el hombre a quien más
he querido.

Ven, atrévete a vivir
junto a mí,
a saborear, de nuevo, mi boca,
y entre beso y beso
charlar del mundo,
y de aquello
que nos provoca
o del amor,
si quieres...
¿O no?

SI TE VUELVO A VER

Si te vuelvo a ver
seré la mujer
más feliz del mundo.

Me arreglaré para ti
para que
no veas
mi juventud partir.

Porque ahora
soy madura
de mente y de piel,
incluso me cambió
mi figura.

Si te vuelvo a ver
te comeré a besos
y me dejaré comer
con tus labios
aún sedientos
de mi amor.

Si te vuelvo a ver
te abrazaré fuerte
para que no me abandones
y nunca más me dejes.

Si te vuelvo a ver
daré gracias a Dios
por escuchar mis rezos
y no me digas más adiós.

Si te vuelvo a ver
te haré el hombre
más feliz del mundo
y tú a mí
la mejor mujer.

Si te vuelvo a ver
daré gracias a la vida
por este gran regalo,
porque has vuelto
a cubrir mi ser
de la paz que había soñado.

Siento

Tengo tantas ganas
de que me vuelvas a besar
con esa boca jugosa
y esa lengua curiosa...

Que nuestros cuerpos se unan
de una vez por todas
y sientas mis caricias
y yo perciba las tuyas.

Como si así
tocáramos el cielo
y sacáramos
todo el jugo
a esta experiencia
que es vivir.

Ya sé que es pronto
pero ya siento
que te quiero
te quiero a ti.

Cada vez menos

Aún me quieres
aún te quiero.

Me llamas
te espero,
pero voy sintiendo que
cada vez me necesitas menos.

Aún me quieres
aún te quiero,
pero te vas alejando de mí,
ya sin miedo,
porque te haces adulta,
porque te lo pide tu cuerpo
ya no me necesitas tanto
o cada vez menos.

TE BUSQUÉ

Hace poco fui a buscarte
pero como no te encontré
te dejé un mensaje
y esperando me quedé.

Te imaginé muy ocupado
con tu trabajo,
tu familia,
liado entre la política
y el teatro.

Y aunque no te vi
disfruté de tu tierra,
de tus vinos,
de tu gente,
de ese mar
que también sentí mío,
como te siento mío
sin tenerte.

Ya no te buscaré más,
si quieres,
ven a verme
que en mi corazón
hay un pulso
por cada latido
que siente.

Y es que
en cada día
guardo un momento
para ti,
un recuerdo,
un «te quiero»,
un «sin ti no puedo vivir».
Pero ya no te busco más,
si me quieres,
me habrás de encontrar.

TE ECHO DE MENOS

Anoche soñé contigo
y vuelvo a querer que me abraces
y me susurres al oído.

En mi sueño yo era feliz
y tú lo eras conmigo.

Ahora me siento triste
al saber que, de nuevo,
no te tengo,
y te echo tanto
de menos...

Ahora siento mi pecho lleno de cascabeles, lleno de corazoncillos. Parezco un campo lleno de flores.

FEDERICO GARCÍA LORCA

UNA RÁFAGA DE AMOR

Te he conocido hace poco
y creo que ya me gustas
me gustan tus labios gruesos
aunque menos tu cintura.

Observo tus ojos grandes
de un verde
que me hipnotiza,
pero pienso que más
que tus ojos
me pierde tu sonrisa.

¿Me querrás, te querré?
¿Será esto una historia de amor
o no durará ni un mes?

Únicamente el tiempo lo dirá
mas ¡ámame ya!,
no esperes más.

¡Ven, amor!

Ven, amor,
tráeme tu paz,
tu calor,
tu pasión,
tu amistad.

Ven, amor,
y comparte conmigo
besos que me hagan volar,
que entre tus jugos y los míos
se forme un mar,
un mar de suave dulzura
e inmensa felicidad.

Ven, amor, y abrázame
para que ya no me sienta sola,
para que perciba
tu cuidado
y yo te regale mi aroma.

Ven ya, amor,
que te deseo a mi lado
como se siente el amante,
ansioso,
de sentirse junto al otro,
reposado.

¡VEN!

¡Ven, búscame!
Atrévete a cruzar el mapa
de tus miedos
y llega hasta mis brazos
hambrientos de ti;
o vuela, si quieres,
por los cielos
repletos de nubes blancas
que ocupan tu mente,
y así podrás
alcanzarme
y volver a saciar
este anhelo que me consume.

Yo te sigo esperando
confiando en que
el tiempo se ponga
de nuestro lado,
y así pueda volver
a besar esos carnosos labios
que me dieron
ese jugo fresco
que aún no he olvidado.

¡Ven, te espero!
Como se espera, impaciente,
a alguien
tan amado,
a aquel a quien se quiere
cerca, a tu lado.

Viento cálido

A veces te vuelvo a recordar
como un viento cálido
que pasó por mi vida.

Aunque me doliste
varias veces
te quise como a la mía.

Ya sé que estas lejos
ya te lloré como una niña
que pierde su mejor juguete
que le duele la vida.

Ahora siento tu vacío
ese que en mí labraste
porque por más que te quise
tú luchabas por alejarte.

Y así, sola estoy ahora
sola y sin acompañante
que tu ausencia
no me deja
más que en mí misma cobijarme.

Ojalá te vaya bien
y nuestro amor te haya enseñado
que es de soberbios rechazar a una mujer
por creerse tan sobrado.

VUELVO A TI

«Si pudiera verte...»,
decía uno de los poemas
que te escribí hace un año...

Tú sigues lejos de mí
pero te percibo tan cerca
que, a veces, siento como
si mis dedos te pudieran acariciar.
Los recuerdos vuelven a mi mente:
te beso, sonrío,
me besas, ríes conmigo.

La complicidad que ha habido
entre los dos
me lleva a pensar
que estaremos unidos de por vida
aunque no nos veamos nunca más.

No puedo dejar de quererte,
es inevitable
y así lo acepto
aunque ello me mate.

YA QUEDA MENOS

Ya queda menos
para verte sonreír
para abrazarte sin miedo
para sentir
tu corazón latir.

Queda menos
para volver a salir
a reír con los amigos
ir al cine
o volver al *gym*.

Ya queda menos
para viajar de acá para allá
para bajar a la biblioteca
y volver a ver el mar.

Queda menos
para vislumbrar el sol salir
y sentir que
comienza un nuevo día
y volverte a ver partir
a tu ciudad querida
a tu querido Madrid,
donde has rehecho tu vida
donde, a veces, suelo ir
para ver cómo disfrutas
de ese ir y venir,
de tus clases,
de tus cines,
de tu amor que te espera allí.

Queda menos
para que me eches de menos
como yo te añoro a ti,
para que me guíes en el metro
por la ciudad sin fin.

Y, mientras,
charlamos y debatimos
lo que está por venir
y te animo a
que no desesperes
que Madrid no se va a ir,
que ya queda menos
para que vuelvas a ser feliz.

CON CALMA

Le daré tiempo
con la esperanza
de que algún día
se canse de ella
de que el recuerdo de lo nuestro
no se esfume
con el paso de los años
de que el olor de mi piel
aún perdure en su nariz
de que todavía
escuche mi voz cantando
una melodía de Dulce Pontes
de que su piel añore la mía.

Le daré tiempo.

Mientras, le espero
con la calma que dan los años
y los recuerdos.

ME PODRÁS QUITAR

Me podrás quitar tu piel
me podrás quitar tu risa
me podrás quitar tu voz
y tu boca que me excita.

Me podrás quitar tus negros ojos,
tu humor gallego,
tu sudor, tu camisa,
tu alma, tus dedos...

Pero no me podrás quitar
tu tierra, ni tu mar
ni tu cielo
ni las ganas
que aún me quedan
de decirte
que te quiero.

Ella

Qué loquita estás
y qué risa me das.

Tus cabellos ondulados
se remueven sin parar
y esa faceta tuya
de actriz
me encanta de verdad.

Me pregunto si «lo nuestro»
será solo una amistad
o, tal vez,
un amor nuevo
que me empieza a deleitar.

¿Qué hacer, cómo actuar?
¿Te dará miedo
mi acercamiento
o te gustará?
Lo sabré si te beso
y así veré
si tú me besas más.

Visita a Lucía

Salgo, de nuevo,
para Madrid
voy a ver a mi hija
y a hacerla reír,
a prepararle unas *peloticas*
y a charlar sin fin
que sé que me necesita,
que le gusta
que vaya allí
y nos hagamos un cine,
una visita al Prado,
al Reina Sofía,
o al Thyssen, de paso,
pues a las dos
nos gusta el arte
en su expresión
más grande.

Otro día iremos
a la Biblioteca Nacional
que ya fui un día y estaba cerrada

También comeremos en un lugar nuevo,
esta vez en un ecuatoriano
que a su chica le gusta mucho
y a nosotras
nos encanta un rato.

De vuelta a Madrid
a ver a mi hija
y a vivir.

MI MAR

Al mar de Guardamar

Vuelvo a ti
como vuelven las olas
a tu orilla
y tu manto plateado
me lleva a la luna.

Ayer oí que, de nuevo,
has engullido
otras vidas
vidas imprudentes
que no te conocían
que no sabían
de tu bravura,
de tu fuerza,
de tu potencia
que desde el fondo
arrastra brazos y piernas,
cuerpos enteros.

No seas tan duro, te digo,
no tengas en cuenta
la ingenuidad
de esas gentes.

Volveré pronto a verte,
como otra de tus amantes.

Nuevo amor

Uno tiene derecho a la alegría. A veces es humo,
o es niebla o es celaje. Pero detrás de esas demoras
ella está, esperando.
MARIO BENEDETTI

Todo es nuevo, para mí,
su suave piel
sus cálidos labios,
sus pequeños ojos
tan transparentes
y volátiles.

Es nuevo hasta su aroma
su ropa limpia,
ajustada
que dibuja su contorno
como el pintor
a sus musas.

Nuevo para mí es su jardín
«el jardín de la alegría»,
como yo le llamo,
lleno de plantas verdes
perennes, caducas, algunas
que desprenden otro olor,
olor a vida,
a mujer, a madre
olor a amante nueva
a jazmín y a siempreviva.

Amapolas al viento

Rojas, libres, frágiles, ligeras
así crecen mis amapolas
en el campo grande, baldío
de la tierra que habito
la que vislumbro al pasar
desde el tren.

Rojas, libres, frágiles, ligeras
me acompañan en los trayectos
por mi España de tantos colores
llena de gentes llegadas
de otros países
que arriban buscando un hogar,
una nueva vida,
un lugar en paz.

Rojas, libres, frágiles, ligeras
crecen ellas efímeras
de las que sé que, en algunos países,
emplean sus semillas
en repostería
para endulzarnos los días.

Amapola, símbolo de la PAZ,
no nos dejes nunca
vuelve una vez más.

AGRADECIMIENTOS

A mi familia.

A mis amigos de aquí y de allá, algunos de ellos son o viven fuera de España.

A mi pueblo, Guardamar del Segura y sus gentes, a las que no olvido.

A mi ciudad, Alicante, que tan amablemente me ha acogido.

A Madrid, ciudad que visito y disfruto, con frecuencia.

A Fernando Parra Nogueras, por su generosidad, al que admiro en gran manera.

A Juan Ramón Torregrosa, por su empatía y esplendidez.

A José Luis Ferris, por enseñarme tanto.

A José Ferrandiz, por guiarme.

A todas y todos los poetas que he podido leer y me han abierto una luz a la poesía.

A mis queridos compañeros de la tertulia literaria «Un libro y un café», mi otra familia.

A las gestoras y el resto del personal de la librería 80 Mundos. Mil gracias.

Al personal de Olé Libros por confiar en mí.

A quienes amáis la poesía.

ÍNDICE

AMAPOLAS AL VIENTO: POESÍA QUE SUCEDE 9

Ámame 13
Amar sin miedo 14
Arriesgarse 15
Cuando cae la noche 16
Cuando la miro yo 17
Cuestión de prioridades 18
Aceptando 19
El lector 20
El olor del mar 21
El sol 22
El torbellino 23
El tranvía 24
Frente al mar 26
Ganas de ti 27
Hoy soñé contigo 28
La brisa del norte 29
Manos frías 31
Maternidad 33
Mi amor *galego* 34
Mi ciudad 36
Nueva despedida 37

Ojos negros 38

Palabras a Lucía 40

Palmeras verdes 41

Por ti, mujer 42

Saldré a volar 43

Ser madre 44

Si pudiera verte más 45

Si te vuelvo a ver 46

Siento 48

Cada vez menos 49

Te busqué 50

Te echo de menos 52

Una ráfaga de amor 54

¡Ven, amor! 55

¡Ven! 56

Viento cálido 57

Vuelvo a ti 58

Ya queda menos 59

Con calma 61

Me podrás quitar 62

Ella 63

Visita a Lucía 64

Mi mar 65

Nuevo amor 66

Amapolas al viento 67

Agradecimientos 69